AF262423

RAPPORT SUR LE SIÉGE DE LYON,

PAR LE CITOYEN DOPPET.

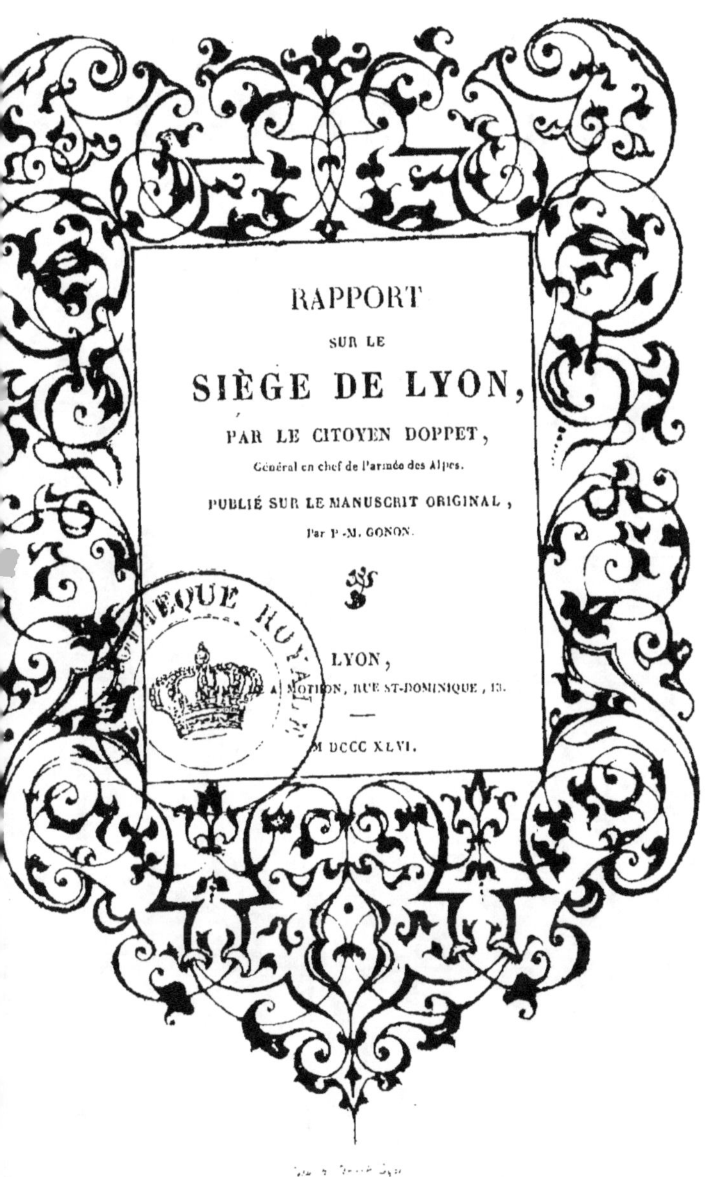

RAPPORT

SUR LE

SIÈGE DE LYON,

PAR LE CITOYEN DOPPET,

Général en chef de l'armée des Alpes.

PUBLIÉ SUR LE MANUSCRIT ORIGINAL,

Par P.-M. GONON.

LYON,

A MOTION, RUE ST-DOMINIQUE, 13.

M DCCC XLVI.

Rapport sur le siége de Lyon, depuis l'affaire du 29 septembre jusqu'à l'entière reddition de cette ville, adressé par le citoyen Doppet, général en chef de l'armée des Alpes, au ministre de la guerre (Bouchotte), et présenté par ce ministre aux Représentants du peuple composant le Comité de salut public, le duodi de la troisième décade de brumaire an deux de la République française une et indivisible (1).

E N visitant, d'après les ordres du général Carteaux, et faisant mettre en bon état de défense toutes nos côtes, depuis Marseille jusqu'à Six-four, je reçus ma commission de général de division, avec ordre de me rendre à l'armée des Alpes pour en prendre

(1) Ce rapport a été mutilé dans les *Mémoires politiques et militaires du général Doppet.* (Paris, Baudouin, 1824, in-8º.)

le commandement. Je partis aussitôt pour venir remplir mes nouveaux devoirs. Je me portai d'abord aux camps qui entourent Lyon, parce qu'il me parut qu'il était d'autant plus instant de finir avec les ennemis de l'intérieur, que ceux du dehors ne comptent que sur eux pour renverser les lois de la République.

Arrivé le 26 septembre, j'ai visité, ce jour-là, le camp de la Ferrandière, commandé par le général de brigade Vaubois. J'ai parcouru nos batteries de la Guillotière, et je n'eus aucun changement à faire aux dimensions prises dans cette colonne. Je convins seulement et j'arrêtai de faire porter, le plus tôt possible, quelques pièces d'artillerie légère dans cette partie qui en manquait et qu'une des rebelles rendait absolument indispensable dans le cas qu'ils voulussent en essayer une de ce côté.

Le lendemain, je me rendis à la Pape ; je visitai le camp de Caluire, commandé par le général Petit-Guillaume, qui faisait terminer une batterie et qui tenait l'ennemi en échec, aux portes mêmes de la Croix-Rousse. Je vis avec plaisir qu'on avait fait de ce côté tout ce qu'on avait pu faire.

Je passai à Limonest, où je trouvai le Représentant du peuple Reverchon. Je conférai avec lui sur la position de l'armée, sur celle de l'ennemi, et je me trouvai déjà d'autant plus au fait sur le tout, que j'avais conféré à la Ferrandière avec le Représentant Laporte, et à la Pape avec les Représentants Dubois - Crancé et Gauthier. J'avais de même vu tous les rapports des opérations militaires faites jusqu'alors par les généraux Vaubois et Petit-Guillaume.

Je continuai la visite des postes, lorsque, avec le Représentant du Peuple Chateauneuf-Randon et le général de brigade Rivas, j'observai que le côté du Petit-Champagne, au bas des collines de Ste-Foy, était un poste qu'il fallait porter en avant. Je pris donc tous les renseignements possibles. Nous fûmes reconnaître avec les citoyens Chateauneuf-Randon et Rivas tout le terrain, depuis la Duchère où était une de nos batteries dominant le fauxbourg de Vaise, jusqu'à Oullins où était une de nos colonnes commandée par le général Valette. Il fallait promptement chasser les rebelles des hauteurs de Ste-Foy, parce qu'il fallait avoir ces hauteurs pour battre Fourvières, brûler St-Just, détruire les batteries de Perrache et enfin rendre notre cercle plus étroit, et vraiment cerner la ville de Lyon.

Pour pouvoir porter un coup plus sûr à l'ennemi, je conclus qu'il fallait les attaquer sur plusieurs points. J'envoyai, par des ordonnances, ordre au général Vaubois de commencer une fausse attaque de son côté à quatre heures du matin, le 29 septembre, en profitant cependant, suivant les circonstances, des avantages, et s'emparant, s'il le pouvait, des redoutes des Brotteaux. Je donnai ordre au général Petit-Guillaume de faire aussi grand feu à quatre heures du matin et de ne faire pourtant qu'une fausse attaque. Le commandant du poste de la Duchère et celui des Massues reçurent le même ordre. La colonne du général Valette et celle du général Rivas, où je me trouvai dans le moment, devaient jouer le plus grand rôle; c'était surtout cette dernière qui devait s'emparer des redoutes de Ste-Foy; ces deux colonnes ne devaient attaquer et faire feu que sur les cinq heures du matin, c'est-à-dire une heure après les autres, parce que nous avions la certitude que l'ennemi portait son noyau de troupes aguerries du côté qu'on attaquait.

Tout était disposé : le commandant du troisième bataillon de la Drôme, le citoyen Davin, partit avec son bataillon. Par le courage et l'intelligence qu'il mit dans cette opération, un de ses pelotons s'introduisit dans une des redoutes ennemies; les nôtres surprirent deux sentinelles, et quelques coups de fusil nous donnèrent dans un instant le premier poste. Cette fusillade réveilla les rebelles et conséquemment commença une vive attaque de part et d'autre. La position du local favorisait l'ennemi qui, de toutes parts, faisait feu derrière des murs crénelés. Mais les soldats de la République avaient bientôt vaincu tous ces obstacles. Le commandant Davin avançait, tandis que le 1er bataillon de la Charente attaquait la grande redoute ennemie, placée entre le Grand et le Petit Ste-Foy. Son commandant, qu'on vient, à, juste titre de nommer général de brigade, le citoyen Villematel, mit dans ses attaques toute l'intrépidité et les lumières d'un bon officier. Malgré les coups de canon tirés à mitraille par les rebelles, la redoute fut enlevée avec ses canons. L'ennemi y perdit beaucoup de monde, et on fit plusieurs prisonniers. Villematel fit attaquer le Grand Ste-Foy, où il trouva encore du canon, des caissons, un dépôt de cent fusils et quelques munitions. Poursuivant toujours l'ennemi, il sut, par divers rapports, qu'une partie était descendue sur la droite de Ste-Foy pour venir au pont de Perrache, il y marcha; dès qu'il fut à portée de fusiller les rebelles, quelques-uns ripostèrent, plusieurs traversèrent la Saône à la nage pour se jeter dans Perrache. Villematel et sa troupe s'emparèrent du pont et d'une redoute qui était à l'entrée de ce pont; on trouva encore là des canons, des caissons, des fusils, quelques balles de coton qui servaient de retranchement; et des charrettes de foin. Cette colonne poursuivit en tiraillant l'ennemi jusqu'au moulin Perrache, elle fut augmentée et soutenue par des forces de la colonne du général Valette, qui se trouvait à Oullins.

Pendant ce temps, l'ennemi ramassait des forces du côté de Perrache, et craignait de ce côté l'entrée de notre armée. La cavalerie ennemie parut derrière une colonne d'infanterie qui faisait un feu continuel, en avançant, pour nous faire évacuer Perrache et nous rejeter hors du pont. Les troupes commandées par le citoyen Villematel se battirent en vrais Républicains ; le combat fut des plus chauds, la moitié de la cavalerie ennemie resta sur la place, et l'allée de Perrache fut baignée du sang des rebelles.

J'étais, pendant cette action, occupé à placer et prendre nos postes sur les hauteurs de Ste-Foy, et à poser de l'artillerie de manière à ne pas perdre les positions heureuses que nous venions de conquérir. La fusillade allait aussi son train de notre côté. On vint m'avertir du combat qui avait lieu à l'entrée de l'allée de Perrache, du côté d'Oullins. Je descendis le coteau de Ste-Foy du côté de la Saône, et, témoin de la résistance de l'ennemi, je fis de suite placer sur une terrasse deux pièces de huit, et deux pièces de quatre un peu plus bas. Ce nouveau feu, venant par le flanc, déconcerta les rebelles, et sûrs, d'y rester tous, ils préférèrent de cesser le combat et de se mettre à l'abri au moyen de leurs batteries qu'ils avaient dans Perrache.

Il était trois heures après midi, nos frères d'armes avaient besoin de repos et de subsistances ; les attaques cessèrent, et l'on s'en tint, comme je l'ai dit, à se retrancher dans Ste-Foy et à se mettre à l'abri des redoutes que l'ennemi avait à St-Just et au-dessus.

Le général Valette avait donné ordre de brûler les maisons qui étaient sur Perrache, à l'entrée du pont, avant que de repasser ce pont. Il avait ordonné de couper le pont à un endroit, parce que la nuit arrivant, il avait jugé n'avoir pas le temps de se placer en sûreté sur Perrache. Je vais voir le local ; mais le pont étant coupé, je me contentai d'ordonner qu'on laissât de notre côté tous les bois nécessaires pour rendre ce passage praticable en moins d'une heure. Les autres colonnes avaient fait feu de leur côté, d'après mes ordres ; mais, par un retard des ordonnances, le feu n'avait pas commencé à quatre heures du matin. Cependant la colonne commandée par le général Vaubois ne s'en était pas tenue à une fausse attaque : le même jour que nous nous emparâmes de Ste-Foy, elle prit les Brotteaux et plusieurs pièces de canon. Ce poste ne fut pas tenable à cause de la redoute ennemie du pont Morand et des autres qui étaient sur les quais et sur les Colinettes : le général l'évacua en s'emparant pourtant de ce qui y était et en incendiant les maisons qui servaient d'asile et de retranchement aux rebelles.

Je ne peux pas assez faire l'éloge des troupes qui ont combattu sous mes ordres dans cette journée. Tous les bataillons, à l'envi des uns des autres, ont montré le zèle le plus républicain. Les bataillons des départements de la Charente, de l'Ardèche, de la Drôme, de l'Arriége, de la Côte-d'Or, les hussards du 1er régiment, les dragons du 9e régiment, les cavaliers du 5e, le détachement de dragons du 18e, enfin tous mes frères d'armes se sont si bien montrés dans cette occasion, que je voudrais pouvoir les nommer tous. Une grande partie du peuple français était là ; tous étaient décidés à venger la souveraineté nationale et à exterminer les rebelles.

Voilà les événements des 29 et 30 du mois dernier. J'ordonnai dans l'instant la construction de différentes batteries pour nous mettre à même de réduire Lyon sous peu. Comme je n'avais que des petites pièces d'artillerie, je fis venir de la Guillotière des pièces de 16 et de 24, et des mortiers.

Je dois le dire, j'ai trouvé en arrivant à cette armée tout ce qu'il nous fallait en munitions et en subsistances.

Le lendemain de notre entrée à Ste-Foy, l'ennemi tenta une petite sortie sur nous, du côté de St-Just, pour enlever une de nos batteries qui se travaillait. Nos braves soldats en tuèrent quelques-uns et repoussèrent les autres.

Je restai jusqu'au 7 octobre avant que de pouvoir fixer le moment d'une dernière et forte attaque pour réduire Lyon. Cependant j'avais, pendant cet intervalle, envoyé un adjudant-général dans le département du Mont-Blanc pour avertir que j'étais instruit que les émigrés français avaient dessein de quitter la Suisse pour se joindre aux Piémontais du côté de Salanches et infecter le Mont-Blanc. J'avais envoyé un autre adjudant-général avec un officier de génie dans le département de l'Ain pour en assurer la défense et empêcher l'entrée des émigrés de Suisse, et boucher ce passage aux rebelles de Lyon, dans le cas qu'ils voulussent sortir, comme on m'en donnait des indices. Cet adjudant-général a été faire placer des pièces de canon dans les gorges de St-Rambert et de Pierre-Châtel. Je savais que le général Lajolais avait pris les mesures les plus actives pour défendre le département de l'Isère.

Le 5 du courant, j'eus des indices que les rebelles de Lyon voulaient s'échapper ; quoique Lyon fût bien cerné, je disposai une troisième ligne. Je fis plus, je me rendis au Comité de surveillance de Ste-Foy, je proposai de faire partir des commissaires patriotes pour toutes les communes environnantes, afin d'avertir de sonner partout le tocsin dans le cas où l'on vît approcher une colonne de rebelles. Cette précaution n'a pas été inutile, c'est le tocsin qui a le plus dérouté les fuyards dans la journée du 9 ; ils rencontraient partout des cultivateurs armés de fusils et de piques, des femmes même armées de faulx.

Enfin, j'avais tout disposé pour terminer avec Lyon. Les Représentants du Peuple, Couthon, Chateauneuf-Randon, Laporte, Javogues, Reverchon, furent instruits par moi de mon projet de frapper le

dernier coup. Ils décidèrent de faire des propositions
aux Lyonnais pour la dernière fois; un trompette avec
un officier leur furent expédiés. Pendant cette sus-
pension d'armes, j'avais disposé les batteries qui,
de Ste-Foy, donnaient sur Perrache, et celles qui,
depuis la colonne de Vaubois, frappaient de même
sur le flanc des redoutes de Perrache. J'avais donné
ordre à toutes les colonnes de commencer le feu le
plus violent au premier signal, si la réponse n'était
pas digne de la République. Tout était prêt; heu-
reusement que la veille j'avais fait placer à la jonc-
tion du Rhône et de la Saône une chaîne avec des
batelets garnis de soldats pour arrêter les fuyards.
Cette précaution ne fut pas inutile, car on arrêta
la même nuit près d'un million, dont une grande
partie en or; cela était avec quatre individus qui
se disaient négociants et qui faisaient voile pour
Coblentz.

La réponse des Lyonnais arriva, elle était aussi
insignifiante que les précédentes. J'ordonnai un
feu général. La batterie de Vaubois, placée au bord
du Rhône, détacha trois moulins, deux furent
brisés et le troisième arriva sain et sauf au bord de
Perrache; nous y trouvâmes des sacs pleins d'avoine,
de farine d'avoine et de fèves, mais il n'y avait point
d'autres graines. Cela finit par nous convaincre de
ce dont nous nous doutions d'après tous les rapports, c'est-à-dire qu'on manquait de vivres à Lyon.
Je ne fus pas d'avis cependant de donner le temps
aux Lyonnais de mourir de faim, et je donnai les
ordres pour mettre mon plan d'attaque à exécution.

Le 8 du courant, je descendis de Ste-Foy à la
colonne du général Valette, je lui donnai l'ordre
d'aller en avant, en lui annonçant qu'il serait pro-
tégé par nos batteries de Ste-Foy et celle que Vaubois avait fait établir au bord du Rhône. Il fut con-
venu qu'une petite colonne de sa troupe prendrait
le chemin des Etroits au bord de la Saône, et que la

plus forte colonne pénétrerait par Perrache et enlè-
verait à l'ennemi les redoutes qu'il avait au Grand-
Moulin et à la fabrique de Perrache.

J'avais déjà donné ces ordres à la colonne de
Ste-Foy; mais, soit trop d'ardeur, soit que les ennemis firent feu les premiers, nos troupes se por-
tèrent, sur les six heures du soir, sous la redoute
de St-Just. Je me portai le plus promptement possible au lieu où j'entendais la fusillade, lorsque je
trouvai à Ste-Foy, près des Représentants du Peuple,
des commissaires députés par les sections de Lyon
qui venaient en pourparler. Je conclus de leur en-
tretien que les chefs des rebelles allaient fuir. Je
donnai donc, pour ne point les manquer, ordre à
toutes les colonnes de ne point attaquer entre onze
heures et minuit. Je fis passer une augmentation
de troupes du côté de Vaise. Je ne négligeai rien
pour ne pas laisser échapper les fuyards. Je me portai à l'instant au poste de St-Just, et je vis que nos
bataillons occupaient déjà les deux redoutes de
St-Just, et s'étaient emparés de six pièces de canon.

Emportés par leur ardeur, les soldats continuè-
rent l'attaque. Le commandant Villematel et le capitaine Lacroix prirent les redoutes intérieures,
pénétrèrent jusqu'au centre du faubourg et placè-
rent différents postes sur les hauteurs.

Pendant ce temps, je recevais des indices de
plusieurs déserteurs et surtout de mon aide-de-
camp, le citoyen Blondeau, que j'avais envoyé la
veille dans Lyon, déguisé en muscadin. Cet officier
intelligent avait tout observé, et il me rapportait
les dispositions de la fuite de l'armée de Précy.

Sur les sept heures du matin, les rebelles paru-
rent sur deux colonnes par la porte et le fauxbourg
de Vaise. Le général de brigade Petit-Guillaume,
après s'être emparé de plusieurs redoutes de la
Croix-Rousse, descendit de Caluire sur la Saône,
plaça deux pièces de canon près l'Ile-Barbe, passa

la rivière avec mille hommes d'infanterie et quelques cavaliers, mit en pièce un détachement de rebelles, leur prit quatre canons et tous leurs équi-
pages. Le feu de sa batterie avait forcé les rebelles
de se replier, lorsque leur arrière-garde fut assaillie
par le chef d'escadron Wather, qui, à la tête du
1ᵉʳ régiment de hussards, leur tua quatre cents hommes, fit trois cents prisonniers, prit cent chevaux
et un butin considérable. Il fut vigoureusement se-
condé dans cette expédition par l'infanterie.

Le chef du 1ᵉʳ bataillon de Maine-et-Loire, le
citoyen Le Moine, était parvenu à devancer l'ennemi
et à s'emparer des hauteurs de St-Cyr; il trouva
d'abord de la résistance dans leur artillerie. Mais il
fondit sur eux la baïonnette en avant, acheva leur
déroute et prit tous leurs canons.

Cependant une autre colonne de rebelles avait
pénétré dans les campagnes, et cherchait à gagner
les hauteurs. L'adjudant-général Cumes les pour-
suivait et les chassait de montagne en montagne;
il allait les atteindre lorsque l'ennemi se divisa en
deux colonnes dans la plaine de Quincieux. La
première, commandée par le traître Précy, gagna les
bois d'Alix et d'Anse. Aussitôt le commandant de
l'avant-garde et chef du 3ᵉ bataillon de la Drôme, le
citoyen Davin, se mit à leur poursuite et les atteignit
sur les hauteurs de St-Romain, où ils étaient déjà
bloqués par les gardes nationales des campagnes.
Il les somma de se rendre, et après leur refus il
donna ordre de charger, ce qui s'exécuta avec tant
d'intrépidité, qu'en moins d'une demi-heure nos
soldats enfoncèrent les rebelles, en tuèrent un
grand nombre et firent cent prisonniers.

La 2ᵐᵉ colonne de l'ennemi s'était repliée sur la
Saône qu'elle voulait traverser; mais, étant serrée
de trop près, elle se jeta dans les bois. L'adjudant-
général Cumes les fit envelopper, en tua un grand
nombre, fit plusieurs prisonniers, du nombre des-

uels était un adjudant-général de Précy, sur qui
n trouva un million en assignats, et cent mille li-
res en espèces.

Comme les rebelles se dispersaient en plusieurs
andes, le commandant du premier bataillon des
renadiers de Villefranche, le citoyen Chabert (1),
es poursuivit avec vigueur dans les communes de
'ille, Thesé, Chessy et Chatillon.

Le citoyen Blondeau, mon aide-de-camp, était
epuis longtemps à leur poursuite avec soixante
ussards ou dragons et quatre compagnies d'infan-
erie. Les rebelles furent poussés et taillés en pièces
ans les bois. Les hussards et les dragons, secondés
ar les habitants des campagnes, achevèrent le reste,
t l'adjudant-général Cumes m'écrivait de Villefran-
he, le 12 octobre, qu'il ne trouvait plus d'ennemi
combattre.

Il est difficile de juger qui mérite le plus d'éloges,
u l'intelligence des officiers, ou la bravoure et
'intrépidité des soldats. Partout le même esprit,
a même valeur dans les volontaires organisés, les

(1) Le dévouement de cet officier aux principes civilisateurs procla-
és par la Révolution française, le fit nommer par le département des
ouches-du-Rhône, Représentant du peuple au Conseil des Cinq-Cents. Par
a valeur et ses talents militaires, il parvint aux dignités de lieutenant-
énéral, commandeur de la Légion d'honneur, chevalier de St-Louis. C'est
tort que la *Biographie nouvelle des contemporains* et le *Catalogue des
auphinois dignes de mémoire* le font naître à Grenoble, il est né à Villefran-
he (Rhône), ainsi que M. Chevalier le constate dans sa BIOGRAPHIE MILITAIRE
U DÉPARTEMENT DU RHÔNE, ouvrage inédit, rédigé d'après des matériaux
uisés au Ministère de la guerre, et que l'auteur se propose de publier.
'article consacré à cet officier contient cinq pages in-4°, pleines
'intérêt.

Chabert adopta le prénom de Salpêtre à l'époque où, pour mettre en
armonie nos usages et notre législation qui reconnaît et consacre le libre
xercice de tous les cultes, on eut l'heureuse idée de créer un calendrier
emblable à nos lois, c'est-à-dire exclusivement civil, et qui pût ainsi, sans
lesser aucune tradition religieuse, convenir à tous les Français indistinc-
ement, qu'ils professent la religion de Moïse, de Jésus ou de Mahomet
u qu'ils n'en cultivent aucune. Pour obtenir ce résultat, on crut devoir
ubstituer au nom des saints, ceux des utiles et indispensables produits
e la nature. Il était alors en usage de remplacer son prénom par celui
ui correspondait à la même date.

troupes à cheval, les canonniers et les gardes nationales dans la poursuite des rebelles. Ils ne son-
geaient pas qu'ils étaient épuisés par la fatigue et
les besoins. La présence du Représentant du Peuple
Chateauneuf-Randon qui se trouvait présent à tout,
enflammait leur courage ; il se portait de colonne
en colonne, et faisait passer dans tous les cœurs
l'ardeur qui l'animait.

Nous n'avons eu dans cette dernière action que
deux hussards, six volontaires et un caporal de tués.
Le bataillon de Maine-et-Loire regrette amère-
ment le capitaine Barillé, dont la valeur avait accé-
léré la défaite des brigands.

Pendant qu'on détruisait jusqu'aux traces des
contre-revolutionnaires, toutes les colonnes de notre armée s'étaient emparées de la ville, et avaient
occupé tous les postes.

J'entrai dans Lyon avec le Représentant du Peuple Chateauneuf-Randon. Nous nous rendîmes d'a-
bord aux prisons et nous délivrâmes les honorables
victimes du patriotisme. Je distribuai ensuite la
force armée dans tous les postes, et les Représentants
du Peuple arrivèrent et réinstallèrent la municipa-
lité du 29 mai. Depuis ce jour on est occupé à
maintenir dans cette ville la tranquillité publique.

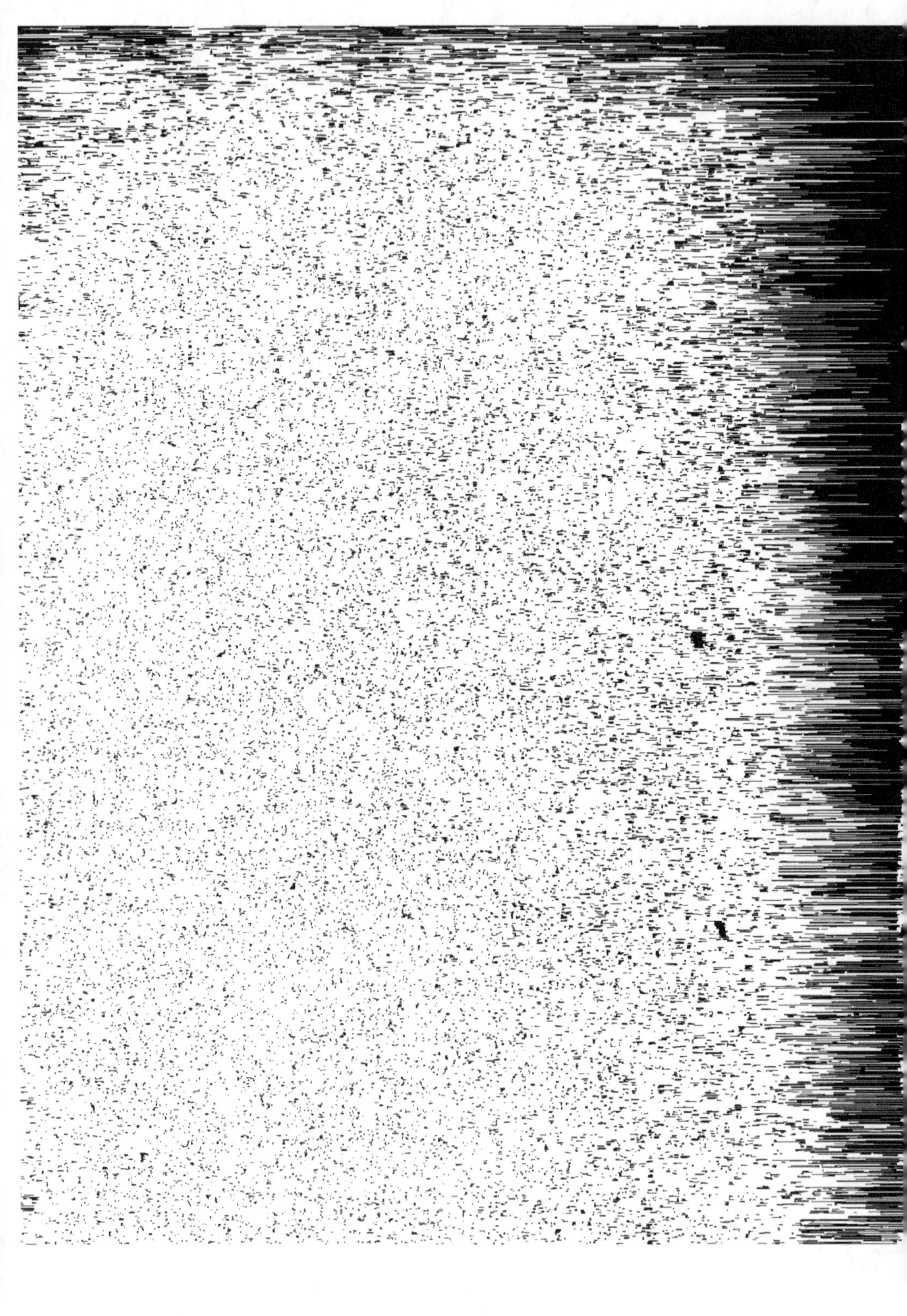